바람이 전하는 말

백락영 시집

바람이 전하는 말

초판 1쇄 인쇄 2025년 6월 25일

지은이 백락영

펴낸이 강기원
펴낸곳 도서출판 이비컴

디자인 김광택
마케팅 박선왜

주 소 서울시 동대문구 고산자로34길 70, 431호
전 화 02-2254-0658 팩 스 02-2254-0634
등록번호 제6-0596호(2002.4.9)
전자우편 bookbee@naver.com
ISBN 978-89-6245-238-9 (03810)

바람이 전하는 말

시로 쓴 자서전

백락영 시집

이비락 樂

1부 작은 외침

2부 회 상

3부 독 백

4부 바람이 전하는 말

5부 눈도장

6부 기억의 단편

1부

작은 외침

나의 시론

시 중에는
난해 난잡 이해 불가
귀신 씻나락 까먹고 있는
언어 불통의 시도 있지만
무릇, 시란
꿈과 희망과 눈물과
사랑과 진실이 담긴
수정같이 맑고 투명한
풍경이요, 그림이요,
노래요, 철학이요, 사상이다.

사랑

사랑을 할 줄 모르고
미움으로만 살아왔기에
지금도 사랑을 몰라
언젠가
하늘 가는 날
속죄하는 마음으로
지구별
너와 나 우리 모두의
설움과 아픈 상처를
남김없이 품어다가
까만 밤
보일 듯 보일 듯 보이지 않는
머언~먼 이름도 없는 작은 별에다
깊이깊이 묻어 두고
사랑이 반짝이는 지구별을 보면서
사랑을 배우고
사랑을 해야겠다

욕심이 어찌나 많은지_ 돈독

욕심이 가득하여
혈육까지 단절하니
들엔 새 한 마리 날지 않고
외로운 몸 석양에 그림자 하나

慾何多
慾心充天地　血肉斷絶也
一鳥不飛野　孤身夕隻影

욕하다
욕심충천지　혈육단절야
일조불비야　고신석척영

길가에 핀 꽃

길가에 핀 꽃이라고
지나가는 사람이 두렵지 않겠느냐
손대지 마라
예쁘다고 꺾지를 마라

나는 비록 전생에
찾는 이 없는 후미진 곳에
볼품없는 작은 꽃이었지만
그래도 사람이 제일 무서웠다

혹어 너도 다음 생에 길가에
예쁜 꽃으로 태어날지 모르지 않니
그러니 예쁘다고 꺾지를 마라

해바라기

당신은 나의 영원한 태양이라며
어제도 오늘도 머리를 조아려
해바라기하는 샛노란 꽃잎들이
헛바람에 기세등등 거들먹대다가
계절이 바뀌어
가을의 끝자락에 서면
끝내는 제 무게에 목이 꺾여
생을 마감하는 비정한 꽃
해바라기 해바라기여
해바라기 인생들이 너를 닮았구나

계명

사랑을 주고 사랑을 받아라
미움은 주지 말고 받지도 마라
그렇지 못하면 사랑도 미움도
주지 말고 받지도 마라
아니다 아니다
그래도 사랑만은 해야지
고약스러운 인간사를 어쩌지 못해
조물주 당신도 그 깊은 고뇌를
서로 사랑하라는 계명으로 남겼나 보다
오늘도 우리는 서로 미소 짓지만
그 미소는 사랑인지 미움인지
알 수가 없구나

개차반[1]

천지가 개벽하며
“낙원에서 잘들 살라”라는
조물주의 낮은 음성이 들렸었지
그러나
불행하게도 귀가 어두운 인간만은
이를 알아듣지 못했다
그 후
개차반 같은 자들은
만물(萬物)을 물고 뜯고
세상을 개차반으로 만들었다

1 개차반 : 개가 먹는 똥. 언행이 몹시 더러운 사람

갈등(葛藤)[2]

천둥 비바람에
가뭄 혹서도 아랑곳 않고
나를 꼬고 너를 꼬는
모질고 모진 생명력
밑동을 자르고
통째로 뿌릴 뽑아도
자고 나면
또 다른 갈등의 새싹

2 葛 : 칡 갈 藤 : 등나무 등

꽁초 인생

누가 있거나 말거나
누가 보거나 말거나
남들이 싫어하는 줄도 모르고
눈치도 없이 내가 예쁘다고
연신 뽀뽀를 하더니만
이내 볼 장 다 보았다며
땅바닥에 내동댕이쳐
산발 머리에 혼절한 나를
모진 발로 배가 터지게 비벼 밟고
고작 한다는 말이
"찰거머리보다 지독한 것
내가 너를 끊어야지" 하며
더럽게 침까지 뱉고
매정스레 돌아서는 당신은
정말로 나같이 못난 꽁초 인생입니다
너저분한 길바닥
아니, 나로 인해 어질러진 길바닥에서

뭇사람들의 발길에
이리 채이고 저리 밟힐 때마다
지금도 웬수 같은 당신 품에 안겨 있을
멀쩡한 동생들을 생각하면
내 가슴은 갈기갈기 찢어진다오

아기별

오늘 밤도 서편 하늘에는
샛노란 떡잎의 날개가 찢긴
또 다른 아기별 하나가
오들오들 오들거리며
여린 손을 내밀고 있다

잠투정한다고 매 맞고
낮잠을 안 잔다고 터지고
밥을 안 먹는다고 깨지고
고집 세다고 아빠 발에 밟히고
왜 생겼냐고 엄마 엉덩이에 깔려
어린 인생이 그렇게 박살이 났다
이런저런 이유로 깜빡이는
뭇별 사이에 아기별들을 보면 슬프다
어린 가슴마다 아픈 사연이 있기에

인간이 아닌 악마 더러운 악마였다

의붓아비가 12살 의붓딸을
성추행하고 겁탈했는데
어미는 내 남편과 눈이 맞았다며
외려 딸에게 이를 뒤집어씌우고는
깜깜한 밤 어느 날
촌구석 외진 농로로 딸을 유인하니
의붓아비란 놈은
어린 인생의 목을 조르고 졸라
마대 자루에 욱여넣고서
낯익은 저수지를 찾아가 시체를 유기했다
어미 년은 13개월짜리 아들과 함께
막장 영화보다 더 생생하고 끔찍한
이 모든 장면을 지켜보고는
그놈에게 고생했다 수고했다며
어깨를 다독여 주었단다
개차반 같은 세상을 개차반으로 범벅하는
이 못난 연놈들은
인간이 아닌 악마, 더럽게 태어난 악마였다

---

* 2020년 9월 각각 징역 30년 확정

낚시

바람도 잔잔한 아늑한 포구
따사로운 양지 녘에 낚싯대를 드리우고
나른함에 깜박 졸다 보니
앞산은 한가로이 물속에 거꾸로 누워
오가는 갈매기나 실없이 희롱을 하는데
오늘따라 일진이 나쁜 나는 낚시에 걸려
입술이 찢어지는 고통으로 발버둥 치자
낚싯대를 당기는 저놈의 물고기는
손맛 한번 묵직하다 탄성을 지르고
도마 위에 올려져 가쁜 숨 몰아쉬며
헐떡이는 불쌍한 나를
월척에 안줏거리 맛있게 생겼다고
입맛을 다시면서
번쩍이는 큰 칼로 내려치기에
나는 화들짝 놀라 낮 꿈을 깨었네
에이, 망나니 같은
이 나쁜 놈의 물고기야

낙지

끈적한 허연 피를 흘리며
비명도 잊은 동강 난 다리들이
꼼틀꼼틀 붉은 양념장에 몸단장하고서
세 치 혀에 달라붙어
달콤한 사랑을 속삭인다

“미련하고 욕심 많은 몰인정한 인간아
나는 죽어서 너의 살이 되지만
너는 살아서 내가 되는 거야
예전에
우리 할머니 할아버지도 사람이었데”

매미[4]

장마는 끝이 났어도
그칠 줄 모르고
두고두고 연일 내리는 비에
날개 젖은 매미는
한동안 울음을 삼키더니
중추절 한가위 보름밤이 먹구름을 품자
일시에 폭풍우를 토하며
남쪽 들녘 바다 위로 힘차게 날아올랐다
그리고
민초들은 떠난 매미가 야속해
통곡할 힘마저 잃었다
넋을 잃었다

4 태풍 매미(2003.09.12)가 남쪽 지방을 쑥대밭으로 만들다

거미

바람도 에돌다 가는
미로 같은 줄 위에
사랑이란 유전자가 없는
혼자인 거미
어쩌다가
날아온 그리움도 미움도
독설(毒舌)에
진이 빠지고
마르고 부서져 떨어지면
다시
혼자인 거미는
고독(高毒)이 가득한
독설(毒舌)을 꽉 물고
외로운 단꿈에 빠진다

파리야 모기야

썩은 것도 먼저 먹으려고
엎드려 연신 손바닥을 비벼대는
파리야
너는 벌이
손이 닳도록 화분(花粉)을 모으고
날개가 찢어지도록 혼을 부어 숙성시킨
맑고 투명하고 깊고 달콤한
꿀맛의 진정한 의미를 모르지
어둠으로 잉태한 독에
뭇 생을 물어뜯은 피를 발라
번식을 하는
모기야
너는 침 한 방을 쏘고 나면
꽁지 빠진 아픔보다
상대의 아픔을 가슴앓이하다가
죽음으로 대신하는
거룩한 벌의 존재를 알기나 하니

佛家의 인연

"오는 사람 막지 않고
가는 사람 잡지 않는다"는 것이
불가의 인연이라고
예전에 진관사 보살에게 들었다

그러나 지금 전국 사찰엔
"MB, 한나라당 출입 금지"
현수막이 널렸다

공자의 글인지 맹자의 글인지
어느 고승의 법어인지는 몰라도
보살이 들려준 그 말
이제 불가에선 사라졌다

태극기의 소원

부디 그대여
국경일과 현충일엔
나를 잊지 말고
게양대에 높이높이 달아만 준다면
나는
나를 지켜주고 빛낸 의인을 찾아가
얼싸안고
푸른 하늘을 향해
온몸을 휘날리며 목청껏 외치고 싶다
"대한민국, 짜잔 짜잔 짠짠"

광화문 장탄가(長歎歌)

서울 수복 후
중앙청에 태극기를 게양하는
군인의 감격 어린 눈물을 잊었는가

오늘도 광화문 광장에 물결치는 태극기
태극기의 한복판 빨강 파랑 태극이
무참히 둘로 찢겨나가고
너는 너대로 나는 나대로
서로를 향한 외침이
펑펑 눈 내리는 동짓날
공허하게 메아리친다

인용사진

봄은 오다가 되돌아가네

한겨울 모진 추위를 달래가며
따뜻한 봄날을 꿈꾸던 민초들에게
연일 불어대던 마른 강풍은
어마무시 무자비한 산불로 돌변해
삶의 터전을 초토(焦土)로 만드니
그 와중에 산 자와 죽은 자의 혼을
어느 누가 달래 줄 수 있을까

광화문 거리로 나선 시민들도
정치판에 빌붙은 장돌뱅이들도
서로를 향한
탄핵의 함성을 높여만 가니
혼돈의 대한민국에
봄은 오다가 저 멀리 되돌아가네

노벨이 천상에서 통탄하다

폐허에서 허리띠를 졸라가며
한강의 기적을 이룬 것이 엊그제인데
한강을 피로 물들였던
괴뢰 집단을 옹호하는 역사 왜곡과
말초신경을 벌렁거리게 하는
추잡한 외설의 삼류 소설을 명작이라고
뭣도 모르는 얼뱅이들이 추켜세우자
불그스름한 인간들은 난리 춤을 추고
분별없이 얼빠진 모지리들은
얄팍한 주머니까지 털어 헌납하니
"이것은 아니야,
내 뜻이 아니야, 이러면 안 돼"라며
노벨은 천상에서 통탄하고
다이너마이트 폭발 사고로 숨진 동생은
피범벅 작업복에 몽둥이 들고
스톡홀름 시상식장에 들어설 것만 같다

저(猪)의 하소연

우리 삶의 터전을 깎아 먹은 인간들은
연쇄 살인강도에 아녀자 폭행범까지도
개뿔이나 그들의 인권이 소중하다며
추울세라 더울세라
아늑한 방에 고이 모셔두고
잘 먹이고 잘 재워주는데
허기진 배를 움켜쥐고
칼바람도 사나운 산을 내려와 동네 어귀에
얼어 빠진 배추 몇 포기 캐 먹고 가려다
길을 잃고 헤매는데
갑자기 따당~땅~땅 총탄에
처자식은 맞아 죽고
나는 개자식에 물려 불구가 되었으니
이를 어디에 하소연할까
아, 우리가 살인강도냐 흉악범이더냐
썩은 배추 한 포기만도 못 한 저생(猪生)이더냐
에이, 야속한 인간들아

개미와 요즘 인권

어마무시 산덩이 같은 인간이
무심히 아니 무참히
개미 등때기를 밟고 지나가도
만신창이가 된 좁쌀만 한 개미는
묵묵히 제 갈 길을 가는데
좁쌀보다 못한 요즘 애비 에미들은
개미가 길 잘못 든 제 자식의 발등에
어쩌다 올라가기라도 하면
애가 놀라 인권을 침해당했으니
"넌 이제 죽었다"라며
모질게 밟아 죽인다

그 시절에 인권은 곧 밥이었다

군주 시대 민초들은 양반에게 지주에게
빌붙어 먹느라 굽신거렸고
기지개도 맘대로 못 켜던 일제 치하에서
젊은 남정네와 처녀들은
밥벌이가 좋다는 꼬임에 빠져
탄광으로 전선으로 노예처럼 팔려 갔다
6.25 전쟁 피난살이 시절엔
까맣게 그을고 찌그러진 냄비에다
구걸해 온 쉰 보리밥도
마파람에 게 눈 감추듯 사라졌고
어쩌다 미군 트럭이 지나가면
헬로 기브미 껌 기브미 쪼코렛하던
어린 시절도 이젠 추억 속에 멀어졌다
몇 년 밀린 품삯은 감히 달라 말도 못 하고
남의 집 식모살이하던 가엾은 누이에겐
밥이 곧 인권이었고 삶의 끈이었으니
그 시절보다 오랜 옛날에 프랑스 인권선언은
너무나 먼 꿈나라 동화 속의 얘기라

그냥저냥 살면서 혁명의 격변기를 보냈다
하지만 모든 것이 갑자기 풍족해진 지금
인권 아닌 인권이 넘쳐나
잔혹한 살인자에게도 인권을 베풀고
인권침해라며 사랑의 회초리마저 금지한
학교에서는 스승을
제자가 또 학부모가 폭행하는
요모양 요꼴의 세상이 되었으니
이제와 누가 누구를 탓하랴

남해 다랭이마을 이팝나무

흰 꽃이 순쌀밥(이밥)을 닮아 이밥나무라 부르기도 한다.

2부

회 상

회상

서편 산마루에 앉아
하염없이 노을을 바라보는
처진 어깨에
머리 희끗한 노인네
어찌 이 먼 길을 헤쳐 왔을까

주마등처럼 지나간 날을 회상하며
한 굽이 남은 세월
외기러기 편에 실어 보내는 듯하구나

자존심

무너지면
다시는 쌓을 수 없는 모래탑

살다 보니
때론 무참히 허물어져도
이쩔 수 없이
속으로 삭이며
마음만 아파했네

후회

소갈머리 없는
나의 작은 정원에는
향기 솔솔 피어나는 사랑꽃 보다
생각 없이 자르고
모진 마음에 뿌리까지 밟아버린
눈물꽃이 많아 보입니다

모르긴 몰라도
그로 인해
죽어 나간 꽃이 더 많은 것 같아
외면하며 모른 척하다가
때로는
후회도 하다가
그러면서
살아갑니다

나이테

갈바람 찬 서리에
속절없이 떠난 낙엽이
해 질 녘 보내온 편지엔
촘촘히 그려진 나이테에
동그라미 하나가 더 늘었네

내년에는
받아도 뜯지를 말고
뜯어도 읽지를 말자

개미 꽁지

너럭바위에 앉아
갈 길 바쁜 너를 가만히 보니
날씬한 허리에 까만 몸매가
참 귀엽다

용기를 내어 너의 꽁지를 빨다
신맛에 몸서리치던
그 옛날 어린 시절 추억도
이젠 새롭고
다시 보는 네 모습도
참 귀엽다

늙은 숫사자

가족의 무리에서 밀려난
이빨 빠지고 떡진 갈기의
늙은 숫사자들은
알량한 자존심에 눈인사도 건네지 않고
오늘도 어제도
공원 구석 벤치에 뚝뚝 떨어져 앉아
산송장처럼 아무런 표정이 없다
배가 부른 젊은 날엔 객기도 부렸지만
쇠뿔에 받히고 말발굽에 차여
가장 노릇 못하고 누워 굶을 때는
가슴을 애태우며 살기도 했디
어느덧 바람처럼 지나간 세월에
그렁저렁 세상이 바뀌었다지만
반포지효 까마귀보다 못한 자식들은
가까이 살아도 멀건 남과 같아
하이에나 그림자가 하나둘 다가와도
선뜻 도움이나 받을 수 있을까
내가 지은 죄에 그 누구를 탓하랴
인과응보의 피치 못한 업보였기에
늙은 숫사자는 늘 외롭고 쓸쓸하다

발걸음이 두렵네

생각 없이
그냥저냥 살아온 인생길
이제 와
후회하면 무엇하나
이 늙은이의 잘못된 길이
혹여 후인에게 이정표가 될까 봐
남은 발걸음이 두렵네

겨울로 가는 길

봄여름 지나
초겨울 문턱으로 떠나는
포구에 이른 새벽
무서리 내린 거룻배에 여행객이
강물 속에 흔들리는
세 그림자에 미련이 남았나
추억으로 가득한 배낭 속에
지난 세월을 뒤적이며
이 생각 저 생각 끝에
따듯한 강남으로 놀러 간 사공은
언제쯤 돌아오려나
오늘일까 내일일까
아니, 행여나 아니 왔으면 하지만
어찌 못해 겨울로 가는 인생길
바람 불면 흔들리고 아프면 서러워도
때로는 펑펑 내리는 흰 눈을 벗 삼아
모든 것 훌훌 털고
즐겁게 가리라 다짐한다

소망

앞뒤 돌아볼 여유도 없이
아등바등거리며 살아온 내 인생도
어느새 쏜살같이 날아가 버렸고
이제야 한숨 돌리나 했는데 속수무책
몸과 마음이 무너져 내리니 어찌하나요
하지만 하지만
아쉬우면 아쉬운 대로
후회도 원망도
잊고 싶은 추억은
늦가을 찬바람에 모두 날려 버리고
함께 해로한 내 그림자 그대와
그대의 그림자인 내가
맑은 정신에 도란도란거리고
몸도 마음도 아픈 날이 없기를 원하니
이것이 노년의 최고 행복이라 여기며
둘이 손을 꼭 잡고 남은 길을 가고 싶습니다

황혼에 긴 그림자

내게 언제나 마음을 열고 미소 짓는
그런 벗이 곁에 하나쯤 있었으면
황혼에 내 등 뒤로
끌리는 긴 그림자도 짝이 있어
외롭지는 않을 터인데
언뜻 지난날을 돌이켜보니
남에게 쉽게 다가서지 못한
소심하고 옹졸한 내 탓이었기에
이제 와 후회하고 미안해한들
무슨 소용 있나요
그냥 그냥 나를 따라다니는 내 그림자와
말동무나 하면서
붉게 지는 노을을 즐기다 가렵니다

집 앞
공원에서

밥통

밤하늘에 떨어지는
수많은 별똥별을
맨손으로 받으려고
애만 쓰다가
날이 밝았네
이럴 줄 알면서도
바구니 하나
준비하지 않은
내가 밥통이지

뜬구름

자고 새면
뭉게뭉게 솟는
실상을

잡을 수도 없는
허상을

잡으려고
밤이나 낮이나
올가미를 던지고 있네

뜬구름 인생

천지신명의 조화인가
실체도 없는 바람에
밀려왔다 밀려가는 뜬구름

꿈꾸면 잡힐 듯이 저만치 있고
팔을 뻗어 잡으면 아무것도 없는
그놈의 허상에 코가 꿰여
실없이 보낸 지난 세월을
얼핏 돌아보니
바람에 떠다니는
뜬구름 뜬구름 인생이었네

매산리 카페에서

3부

독백

홍련(紅蓮)

이슬마저
범접 못 하는
맑고 고운 모습에 취해
사랑한다
사랑한다 하니까
꽃잎은 수줍어
예쁜 볼이
더욱
빨개졌네요
덩달아 내 얼굴도 빨개졌네요

합덕 수리제

산책

촉촉이 비가 내리면
무작정 밖으로 나가자
혼자도 좋고
둘이 걸어도 좋다
골목길도 좋고
공원길도 좋고
늦은 밤길도 모두가 좋다
깊은 사색은 접어두고
언뜻언뜻 스치는 추억만이라도
내리는 빗물에 적셔보면
가슴 상쾌함을 비길 데 없다
촉촉이 비가 내리면
우산을 받쳐 들고
무작정 밖으로 나가자

은행나무꽃

화려한 꽃만이 꽃인 줄 알았는데
장미꽃이 떨어지고서야
은행나무에도
꽃의 존재가 있었다는 사실을
콩알만큼 자란
초록의 열매를 보고 알았다
꽃 축에도 들지 못하는
은행나무꽃
무엇 하려 피어선 지고
열매를 맺어 가을이면
모진 발길에 허리를 걷어 채이고
수박만 한 돌덩이로
등짝까지 얻어맞고
토실한 알까지 빼앗기는지
내년 봄에는
뵈지도 않던 작은 꽃
너를 찾아가
사랑을 듬뿍 주어야겠다

은행잎

곱다란 노란 은행잎에
빨간 하트를 그려 살며시
나의 반쪽에게 주려다
손이 부끄러워
바람 편에 조각조각
날려 보냈지요
그리고 며칠 후
어디서 왔는지 화장대 거울에
샛노란 은행잎이 날 보고 웃기에
나도 그냥 웃었지요

고운 꿈

사진은 왜 찍어.
응, 내 꿈은 늘 칙칙한 잿빛이라
그래서 가끔은 고운 꿈 꾸려고.
지난밤 꿈에는 빨간 노란
흐드러진 꽃동산을 넘나들다가
흰 구름도 뭉게뭉게
파란 하늘에 빠져도 보았고,
사나흘 전에는
금빛도 찬란한 비단잉어가
여울에서 날 보고 웃기에
날이 새기도 전에
사진기 둘러메고 산과 바닷가를 쏘다녔지
꿈에서도 고운 꿈 꾸려고.

잘 몰라

사진은 뭘 찍어.
시를 찍지.
뚱딴지같은 소리 말고.
아니야,
사진엔 꿈도, 희망도, 미련도
작은 숨소리로
때로는 힘찬 울림으로 다가오지
그래서 사진은 시야.
그럼 시나 많이 쓰던가.
아니야,
사진에는 좋은 시가 많아.
그래, 좋은 시는 뭐야.
잘 몰라, 알면 내가 쓰지.
그러면, 사진은.
몰라, 알면 내가 잘 찍지.

사진 촬영

세상을
조금 더 아름답게
오래 두고 보려고
네모진 창을
들여다본다
셔터를 누른다
잘 나오면 범작이요
아니면 졸작이지만
그래도 찍는 순간만은
나도 영혼이 맑은 예술가다

예천 삼수정

짝사랑

반짝이는
수많은 별 중에 하나를
내 사랑이라고
마음에다
두고두고 새겼는데
다가서기엔 너무나 먼 것 같아
바보인 나를 미워하며
지우려고 애를 썼지만
달 가고
해가 가고
바람이 별을 쓸어가 버려도
지워지지 않는 그리움
그냥
말을 해 버릴까
아아, 나도 몰라

병아리 떼

짝꿍 손 꼭 잡고
조잘조잘 조오잘
비뚤비뚤 줄지어
선생님 따라 꽃구경 가는
노란 병아리 떼

너희는
하늘에서 내려온
날개 달린 지상에 천사
우리 모두의 사랑이란다

기도(祈禱)

기도가 뭔지도 모르고 살다 보니
내 인생 지 멋대로 꼬였음을
이제야 조금은 알 것 같아
예수님 성모님 부처님 공자님께 빌고
목사님 신부님 스님께 빌다가
해님 달님께 빌고
고갯길 당산나무 돌무더기에 빌고
국사당 서낭신에 빌고 산신령에 빌고
해신당 해신께 빌고
용왕님께 빌고 이무기에 빌고
내 조상님 엷십 소상님께 빌고
동네 반장 이장님께 빌고
마누라와 자식에 빌고
길가에 똥 싸는 개한테 빌고
못 본 척 끌고 가는 개자식에도 빌고
생각나는 모든 천지신명에 빌고 빌면
내 소원 조금은 이루어지겠지

너희들은 꽃이다

너희들은 예쁘기도 하지만
아름답고 사랑스럽기에
이름마저 꽃으로 피었구나
찔레꽃,
모란꽃,
장미꽃,
채송화꽃,
패랭이꽃,
이 꽃, 저 꽃, 이름 모를 꽃들이
오랜만에 다시 만난 나를
반가이 품어준 순간만큼은
나도 내가 아닌 꽃으로 다시 피었다
그래서 너희들은 꽃이다

봄날

얼었던 땅에 새싹이 돋아
봄이 오나 했더니

어느새 꽃잎은 하나둘
창문을 때리며 떨어지고

가슴은 철렁
지는 꽃잎에 속절없이 봄날은 갔네

봄날의 소경(春日小景)

후드득 흙바닥에 떨어진
동백 꽃송이가
더 붉고 아름답다는 것을
눈으로 보고서야 알았습니다

매화의 은은한 향이 코끝을 스치자
바람이 꽃인 줄 그제야 느꼈습니다

그리도 고고하던 순백의 목련꽃이
누런 몰골의 이파리가 되어 떨어지는
아픈 봄날도 있었습니다

꽃비가 되어 쏟아지는 벚꽃잎에
또 한 해의 가는 봄이 못내 아쉬워
꽃잎을 두 손에 가득 주워 담아
하늘 높이 힘껏 뿌려도 보았습니다

그러다가 언젠가 또 다른 봄이 오면
이런저런 나의 봄이 생각나겠지요

다랭이마을 동백꽃

매화의 독백

아주 오래전부터
나와 눈을 맞추며
한참을 머물다 가는 정인(情人)[5]이 있어
난 외롭지 않아
지난해에도 올해도
내 고운 향기를 한 아름 품고 돌아가는
그의 발길에 꽃비를 뿌려주면서
그리 머지않은 내일
주렁주렁 알토란같은 매실이
파랗게 영글면
잊지 말고 다시 와
실컷 따가지고 가라 했지

---

5 정인(情人) : 마음이 통하고 친한 사람

동짓날

길고 길었던
어둠의 계절도
오늘로 끝이 나고
움츠렸던 꿈과
숨죽였넌 생명이
날개를 펴고 다시 비상하는 날
가마솥에 팥죽 같은
붉은 광명의 해가 떠오르는
동녘 하늘을 바라보며
다가오는 새해를 맞이하는
나의
동지(東指)날은
동짓(冬至)날

허투루 짓다

벗이여!
지가 누구인지 가물가물 기억도 못 하고
잔뜩 밥을 먹고 밥 안 준다 떼를 쓰고
벽에다 똥칠하다 매 맞고 그러기 전에
우리 서로 무조건 자주 만나
헛소리에 수다 떨다가 당구라도 치면서
조금 남은 미래지만 꿈이라도 꿉시다
그리고 벗이여!
나날이 늘어만 가는 주름살에다
검버섯으로 얼룩진 우거지상을
조금이나마 감추고 위로받으려면
구리무나 선크림이라도 찍어 바르고
우중충한 옷은 되도록 입지 맙시다
공짜로 얻어 탄 지하철 경로석에 앉아
핸드폰에 오락도 정치판도 좋지만
책 한 권 손에 들고 읽는 척하는
모습도 가끔은 보여주고
기차 화통 삶아 먹듯 전화는 제발 맙시다
또 하나, 마누라 눈칫밥에 잔소리는
멀리해야 오래도록 무병장수한다니

마누라가 돈 쓰러 또 나가냐 소리치면
오늘은 친구가 밥을 산다하고 나오소
내가 노파심에 다시 한번 얘기하지만
마누라 바가지에 말대꾸하는 그대
눈치코지가 그리 없으니 참으로 딱하오
그러다 쫓겨나 오갈 데 없는 신세면
찜질방이 가성비 최고요 왔다니
거길 가서 널브러져 뒹구는 할망구에게
봉다리 커피나 군 달걀을 사준다며
꼬셔보고 안되면 나라도 불러내어
함께 마누라 흠잡고 궁상이나 떨면서
당분간 집에 들어가지 맙시다
행여나 두 손 싹싹 빌러 올지 모르니

(전에 내 마누라는 열흘이 넘도록 오지 않았음)

울지마라 애들아

3살 6살의 어린 자매를 남겨두고
이웃에 젊은 애 엄마는 그렇게 그렇게
암으로 세상을 떠나갔으니
오늘도 "엄마 빨리 와 보고 싶어" 하며
훌쩍이는 철부지 손주 딸들을 보듬고서
"그래 울지 말고 하나님께 예쁘게 기도하면
엄마가 꿈에서 꼭 돌아올 거야"라고 달래며
차마 마른 눈물도 보이지 못하고
한숨짓는 할머니의 뒷모습을
유아원 길모퉁이서 지켜보다가
내가 그만 눈시울을 적시고 말았다
어찌해야 좋으랴
어린 저 자매의 애절한 가슴을
할머니가 엄마보다 더 깊고 더 많은
사랑으로 감싸준다 한들
엄마의 따듯한 품속만 하리
울지 마라 애들아 울지 마
너무나 짧은 인연 못다 받은 엄마의 사랑을
꿈에서라도 듬뿍 받고
아프지 말고 밝게 밝게 티 없이

어서 빨리 잘 자라거라
엄마가 하늘나라에서 너희들을 보고 있단다

낚시

오늘은 無産浦 갯바위에 올라가
미늘도 없는 낚싯대를 던져놓고
흘러가는 조각구름 건져나 볼까

인생이란 (1)

가슴에 담은 많은 꿈을
오색 물감으로 그리면
얼마나 아름다울까
그래 인생이란
꿈을 그리며 사는 거야
그러나
꿈도 그리면 그릴수록 탁해져
눈앞은 어두운 세상이 되겠지
인생이란
욕심을 채울 만큼만 채우고
살아야 하는 거야
그리고
몸도 마음도 시들기 전
꿈과 욕망의 덧칠을
하나하나 지워가면서
살아야 하는 것도 인생인 거야
그래야
한평생 걸어온 길도 남은 갈 길도
밝은 눈으로 볼 수가 있지
인생이란 별거 아니야

인생이란 (2)

참 나란 무엇인가 하는
거창한 화두는 중들에게 맡기고
거울 속에 나와 대화를 하자
너는 여직 그렇게 살아왔냐고
손가락질 삿대질 한 번에
한없이 작아지는 내 모습
그게 인생인 거야

인생이란 (3)

견생(犬生)
돈생(豚生)
우생(牛生)
웅생(熊生)
호생(狐生)
랑생(狼生)의
수생(獸生)으로
살아온 시간을 빼고 남은 거
그게 인생인 거야

인생이란 (4)

이승에 연(緣)이
너무 깊어
끊지 못해
그냥그냥
사는 거
그게 인생인 거야

인생이란 (5)

파도에 부서지는
모래알이
티끌 되어
바람에 날리는 거
그게
인생이지
그래도
열심히 사는 게 인생인 거야

인생이란 (6)

젖비린내 어린 천사
방긋 웃을 때
그 누구라도
천사가 되는 거
그게 인생인 거야

인생이란 (7)

늙어가는 이 나이에
마누라한테
구박을 받고 사는 게 인생인 거야
잘못도 안 했는데

인생이란 (8)

꿈결같이 다녀온 황천길
덤으로 받은 선물에
나는
한동안 가슴이 조금은 따듯했었다
하지만
이내 속물인 걸 다시 알았지
이게 인생인 거야

4부

바람이 전하는 말

늦여름 오후

담장 아래 활짝 핀
맨드라미의 새빨간 입술에 젖어
달콤한 꿈을 꾸는
네발나비
한 마리
행여나 깰까 봐
실바람도 가던 길 돌아가고
따가운 햇살도 살금살금 기어가는
땀방울 송송
늦여름 오후

치악산 입구

고독송(孤獨松)

하늘과 바다 사이
조그만 섬
짜디짠 고독에 절어
굽어지고 틀어진
소나무 하나

파도가 전해준
님의 소식에
가지마다
방울방울 눈물방울
찢어진 가슴팍엔 그리움의 소각들

안산시 구봉도

너도바람꽃[6]

산골바람이
바위틈 언 땅을 가르면
앙증스러운 몸에 여린 줄기가
온밤을 새워
머리에 덮인 눈 살포시 빗어
하얀 꽃잎
만든 새벽
무갑사[7] 산승은
얼음 깨어 세수하다
너도
바람결에 다녀가는
꽃이냐 묻더라

---

6 너도바람꽃 : 미나리아재비과 여러해살이 풀이며 이른 봄 산지 반그늘에서 자란다.

7 무갑사 : 경기도 광주 초월읍

가을 나무의 독백

빨갛게 말라비틀어지는 나를 보며
사람들은 내가 아름답다 한다
살점이 뚝뚝 떨어지는 나를 보며
사람들은 지가 고독하다 한다
정작에 허전하고 쓸쓸한 건 난데

일산 호수공원

장봉도 진달래

조그만 섬 장봉도
봉수대로 오르는 언덕배기 진달래에게
"너는 찬 바람 몰아치는 이 겨울에
왜 여기 혼자서 꽃을 피웠느냐?"
물었더니
"오붓한 산중에 홀로 핀 진달래라고
머리 아픈 사연이 없겠느냐,
세상사 잠시라도 잊고자
꽃 피고 잎이 지는 시절을 훌쩍 떠나
여기까지 왔노라" 하네

숙맥(菽麥)[8]

화야산 골짜기로
봄을 찾아온 야생화
괭이눈,
얼레지,
제비꽃,
처녀치마,
청노루귀,
미치광이풀,
현호색을 사진에 주워 담고서
산 이슬 먹고 자란 무공해 쑥이라고
한 주먹 뜯어 집에 왔더니
"쑥도 모르는 쑥(숙)맥 같은 양반아,
이게 어디 쑥이야"라며
안식구에게 면박만 받았네.

8 숙맥(菽麥) : 사리 분별 못하고 세상 물정 모르는 사람

맥주

뚝방 언덕에
엉거주춤 다리를 벌리고 서서
누가 볼까 조심스레 눈치를 보며
술 못하는 내가
봄바람에 바들바들 떨고 있는 제비꽃에게
온 힘을 다해 따끈한 맥주를 먹이자
제비꽃은 술이 처음이라 맥주도 독하다며
이내 비틀비틀 쓰러지려 하기에
"제비야 !
너도 이제 어엿한 어른이 되었으니
술도 좀 하고
때로는 헛소리도 해가며 사는 거야
그래야 팍팍한 세상을 둥글둥글 살아가지
자, 오늘은 이만 먹고
우리 내일 다시 만나
맑은 정신에 한 잔 또 하자" 했지

파주 적성에서

낙엽

마른
이파리가
영롱한 빛 되어
떨어져 쌓이고 구르면
앞마당에
가을은
바람결에 가려 하고
나는 가을을 가지 못하게
낙엽을 밟고 있다

강화도 마니산 어느 기도원

미인송

물안개 자욱이 솟는
어스름 빛 새벽 강가에
고운 자태
한 그루 소나무
죽어서도
예쁜 것이 죄라고
박명한 삶에
사랑만 받고 가는 길
백로의 날갯짓에
꺼이꺼이 왜가리 슬피 울고
무심히 차오른 강물에
여행자의 발길이 무겁다

합천댐 수몰로 고사함

감곡도원(甘谷桃園)[9]

이 언덕 저 언덕
이 골짝 저 골짜기를
화사하게 물들인 복사꽃 꽃잎이
팔랑팔랑 봄바람에
나비 따라다니다가
구름 머문 호수에 빠져들면
나물 캐던 도시 아낙의 가슴에는
연분홍빛 잔잔한 파문이 일고
나는 도원의 정경을 따다가
창문에 걸어두고 보려고
벽에다 부질없이 못질을 한다

---

9 감곡도원(甘谷桃園) : 충북 음성군 감곡면

물방울 다이아

연잎 위에서
통통 튀다
이리 또르르 저리 또르르
돌돌 구르고 뭉치고 흩어지는
반짝반짝 투명한 물방울 다이아를
억수 장대비에
온몸이 젖는 줄도 모르고 지켜보다가
남이 볼까 몰래 한 줌을 담아와서는
밤늦도록 만든
목걸이에 팔찌에 반지를
꿈나라 여행 간 아내 손에
살짝궁 쥐여주었지
물방울 다이아

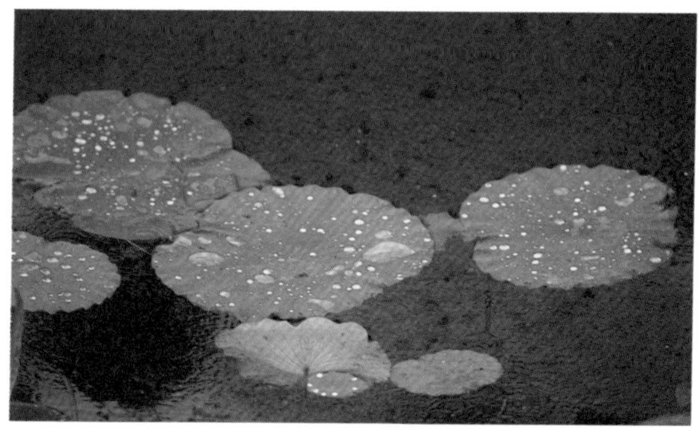

화천 현지사

가을에 여자

샛노란 은행잎을 두 손 가득
하늘 높이 뿌리는 저 여인은
진초록의 마른 이파리가
바람에 날리는 칙칙한 가을을
상상한 적이 있을까 없었겠지

그래, 저 여인도
황금빛 불타는 가을의 한 장면이 되어
가을을 아름답게 수놓는 가을 여자
가을에 여자이니까

아미산 입구에서

고니 귀향

고향땅 시베리아 동토가 풀렸냐
나는 모습이 더욱더 고고하구나
그곳은 예서부터 천만리 길이라
가다가 힘들면 쉬었다 가겠지만
꿈에서는 단숨에 고향땅 밟겠네

경기도 광주 경안천

목탁새_ 딱따구리

꽉 막힌 가슴을
뻥 뚫어주는 소리
따다 다닥 딱 딱
그래 딱따구리 네가
바로 이 시대의 목탁
목탁새로구나

경기도 하남

가창오리 군무

금강 하구언에
종일토록 낮 꿈 꾸던 오리 떼가
어둑해진 붉은 노을을 등지고
일시에 날아올라
장엄하고 아름다운 비행을 선보이다
이둠 속 어디론가 훌쩍 떠나니
미처 셔터를 누르지도 못한 나는
아쉽게 지나간 환상의 조각들만
가슴에 담아와 두고두고 꺼내본다네

복두꺼비

새벽 공기 가르며
장호원 지나 남한강으로
난생처음 가본 탐석
뼈를 깎고 살을 다듬어
속 태우며 기다리던
천만년 세월도 헛되이
강바닥에 묻히고
수몰되던 네게
내가 손을 내밀자
너는
소리 없는
울음으로 다가왔다

거실에 두고 보기를
두고두고 생각하기를
나로 인해 태어난 너는
내가 너의 생명이지만
너는 지금 복두꺼비로
내게 작은 신앙이 되었다

섬나라

내 젊은 날엔 한동안
명석 꿈을 꾸면서 돌꾼들과
돌맹일 주우러 여기저기 다녔다
하지만 이런저런 사유로
돌밭을 떠난 몇십 년 훗날에
난지섬에서 콧바람을 쐬다가
명석(名石)은 아니지만
우연히 발뿌리에 걷어차인
까만 오석(烏石)의 아담한 섬 하나

수반에 올려놓고
갈매기 날아가는 그 섬나라에서
한가로이 낚시하는 나를 그려 본다네

빙어

꼬물대는 간식거리
한입에 물고
꽁꽁 언 얼음 굴을 지나
하늘 높이 날았다가
인간 세상 내려오니
어린아이 할 것 없이
멸치만 한 나를 보고
고랠 본 듯 좋아하여
곰곰이 생각해 보니
은빛 반짝이는 나의 작은 존재가
한겨울 추위와 세파(世波)에 얼어버린
마음들을 녹여주는
따듯한 태양인 걸 이제 알았네

소양강

야사(夜射)

허리춤에
화살 다섯 개
모두 맞추길 바라며
머리 숙여 사대(射臺)에 선다
살 하나 뽑아 들고
보일 듯 보일 듯
희미한 과녁을 응시하며
활을 서서히 당긴다
귓전을 스치는
시위 소리에
눈을 감아
하늘을 가르는 살을 본다
어둠을 헤쳐 날던 살이
따-악
과녁을 때리면
초여름 밤
떼 지어 울던 개구리도
순간 울음을 멈추고
나는
감았던 눈을 뜬다

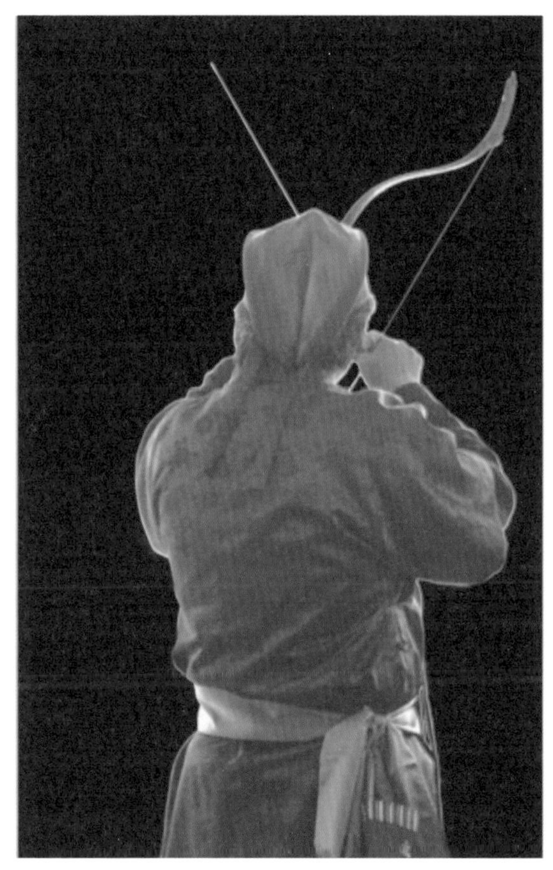

고양시 송학정

탑골공원

그 옛날 번화했던 탑골에 절은
주춧돌마저 흩어져 흔적이 없고
비바람에 야금야금 살이 짓물던
높다란 불탑만은 다행히 남아
유리관 속에 들어가
오늘도 고운 자태를 뽐내고 있다
그리고 공원 한편 돌담길을 따라
절인 배추같이 시들은 긴긴 줄은
그 누구를 볼 새라 눈을 꼭 감고
무료 급식소로 향하고 있지만
부디 내일은 힘차게 다시 일어나
우리 함께 탑골에 옛 영화를
꿈꾸며 걷는 줄이었으면 합니다

경천사지 10층 석탑

가을 산행

핏빛으로 물든 단풍잎이
살랑살랑 살랑바람에 날리면
겨울맞이 분주한 다람쥐의
뽈때기는 도토리로 볼록하고
가을 산을
한가득 몰래 담아 가는
산객의 두툼한 배낭 위로
붉은 노을이 짙게 내린다

설악산 흘림골

송사리 배짱

입은 뻐끔뻐끔
눈은 껌뻐~억 껌벅
바윗돌에 떡하니 누워
배를 째려면 째라는 송사리 배짱에
예리한 칼끝은
은빛 볼록한 배 위에서 몽클하다
사르르 미끄러지고
하늘까지 치솟던 나의 기세는
그만
땅으로 곤두질치고 말았네

거시기한 놈

여보시오들
거시기한 이놈 보고
웃지도 허풍도 떨지 마소
또 부럽다고 만지면
벌떡 서서 성을 낸다니 조심들 하오
아시다시피 예전에 이놈도
손이 귀한 집안에선
부처님보다 더 영험한 명물이었소

가천 남면 암수바위

도봉산 여성봉

안갯속에 솟아난 봉우리가 야릇도 하여
단숨에 허겁지겁 올라와 보니
조물주는 여인네 치마 속 은밀한 부월
바위에 빚어놓고 떠난 지 오래고
앞산 마루 돌부처는 돌아앉아 바라보며
껄껄 걸 좋아라고 웃기만 하네

도봉산 여성봉

별밤_ 홍천 명계리

앞산엔 열이틀 달이 지고
까만 하늘에서
반짝반짝
별비가 쏟아져 흐르는
바람도 낯선 산골짜기

온밤을
깜빠~악 깜빡
별을 베고 잠이 들다가
별을 품고 잠이 깨다가
그러다가 내가
깜빡
별이 되었네

그 섬은 별 세상

파란 남쪽 바다 조그만 섬엔
도시를 떠나온 별들이
옹기종기 모여
밤하늘에
반짝반짝 자리다툼하고
달빛에 윤슬[10]이 빛나는 바다로
쏜살같이 날아가는 별똥별들이 있어
그 섬을 별천지요
별 세상이라 부른다

나는 내일
새벽이 오기 전에
은교(銀橋)[11]를 건너
별 세상을 보려고 아내와 그 섬으로 간다
다만, 오는 날은 정하지 않았다

---

10 윤슬 : 햇빛이나 달빛에 비치어 반짝이는 잔물결

11 은교(銀橋) : 은하수 다리

수평선_ 대천 바다

내가 바다를 못내 그리워함은
바다가 아니라 수평선이요
수평선은 꿈의 세계이기 때문이다

차안(此岸)[12]의 고단한 삶과
온갖 복잡한 심사는 잠시 접어두고
파도가 밀리는 바닷가에서
발을 적시고 있노라면
아스라이 하늘과 바다가 맞닿은
수평선 그곳에는
피안(彼岸)[13]의 이상향이 있을 것 같아
내 맘대로 마음껏
상상의 날개를 펼쳐본다

하지만 배를 타고 가고 또 가도
수평선은 항상
바다 저 끝 그 자리에 누워 있다

---

12 차안(此岸) : 삶과 죽음이 있는 세계

13 피안(彼岸) : 현실적으로 존재하지 않는 현실 밖의 세계

백도(白島)[14] 추억_ 뱃멀미

망망대해
넘실대는 너울 파도에
신음 소릴 내며
기를 쓰다가

여기가
아흔아홉 마지막 바위섬이란
갈매기 울음소리에
죽을 똥 사력 다해
실눈 뜨고서
바닷속에 숨겨진
百 번째 바위
하얀 白島를 겨우 보았네

---

14 백도 : 백(百) 개의 섬에서 하나가 모자라 白島라 함

거문도 등대 가는 길

거문도 고도 앞에 지척인
동도 끝 수월봉 동백 숲 터널엔
8월에 뜨거운 태양을 가릴 양산도
외려 거추장스럽고
주렁주렁 애기 주먹만큼 커다란
동백나무 열매에서는
어머니 젊은 시절
쪽찐머리 곱게 단장하던
동백기름 내음이
추억으로 묻어 나온다

어둠을 따라 터널로
빛을 따라 터널로
터널을 나와
먼 발아래 갈매기가 인도하는
천 길 낭떠러지 파도를 지나면
수줍어 붉게 물든
깨순이 나리꽃은
제 그물에서 한가로이 졸고 있는
거미를 일없이 흔들고

해풍 불어오는 하얀 등대로
타박타박 걷는 나는
오늘만큼은
세상 부러움 다 버린
가난한 자 이어라

거문도 등대

패줘야 쓰겠다

멀쩡한 獨島를 竹島라
자꾸만 떼쓰고 우기는
섬나라 쪽발이 족속을
獨島로 잡아다 竹刀로
죽도록 패줘야 쓰겠다

그 섬 이름은

언제부터인가
우리나라에 다리가 생기면
대교라는 명칭이 꼭 따라붙었다
서울에 원효대교
목포에 목포대교
인천에 인천대교
남해에 이순신대교 등등...

그리고 예전에 깽깽이 발로 건넜던
21m의 백령대교는
바다 저 멀리
아름다운 섬에 있다
하지만 그 섬은 군사적 요충지라
이름을 내가 말할 수가 없다
아니, 말하지 않겠다

등댓불

그대와 내가
언제 한 번쯤 그 누구에게
희미한 등댓불이라도 되어준 적이 있나요

여수 낭도 등대

나바론[15] 절벽

제주시 추자면 추자도에는
조기 방어 돌돔이 펄떡이고
바다 위로 곧게 솟은 험한 절벽이 있어
언제부턴가 나바론 절벽이라 부르는데
최영 장군은 목호(牧胡)[16]의 난 평정길에
이곳을 힘들게 올라와
제주를 향해 사자후를 토했겠지만
나는 천 길 계단 하늘길로 편히 올라
비경을 즐기다 제주로 가려니
뱃길에 멀미가 없기를 바랄 뿐이네

15 나바론 요새 : 2차 세계대전 전쟁 영화에 나오는 절벽 요새

16 목호(牧胡)의 난 : 제주에서 말을 기르던 원나라 잔당의 난

무명 가수_ 공소야

운길산 빨간 단풍에 젖어버린
양수리 역 구내에
듬성듬성 서 있는 행락객 사이로
"인연이~라고~ 하아죠
거부할~ 수가~ 없죠오
내 생에~ 이처럼 아름다운 날~
또다시 올 수 있을까아요~
고달픈~ 삶의~ 길에~
당신은~ 선물~인걸" 하며 들리는 노랫소리는
여기 이름 없는 무명 가수의 영혼인가
애절하고도 우수가 어려
더욱더 호소력 있게 때로는 감미롭게
기타와 반주기 리듬에 실려 다가오고
서너 발자국 옆에서 간간이 시디를 팔다가
지긋이 미소를 지으며
노래하는 그를 바라보는 수수한 옷차림의
듬직하고 사랑스러운 여인은
아마도, 아니 분명 그 가수의 아내이다
역사의 높고 둥근 기둥에 기대어 섰다가
아예 차가운 돌바닥에 자리를 잡고 앉아서

감성을 자극하는 노랫말들을
가슴에 주워 담으며
한 곡 한 곡
듣고 또 들어도
내가 선뜻 일어서지 못하는 것은
그와 나의 짧은 만남에
애잔하게 파고드는 긴 여운만은 아닐 것이다
고달프지만 고달프지만 않은 삶의 길에
당신에게 당신의 아내는 아름다운 선물이요
그대 또한 소중하고 고귀한 선물이라
지금 당신과 함께하는 여기 모든 이에게
당신이 들려주는 이 메시지는
그 어느 유명한 인기 가수보다
더 많은 삶의 의미를 던져주고
있다는 것을...

---

*공소야님의 허락 후에 문학지에 기고함

그 집엔 누가 살았을까

양지바른 언덕 대숲 아래
허름하고 을씨년스러운 양철집 한 채
그 집엔 누가 살았을까
어쩌면 할미 할아비가 외로이 살다
도시로 떠난 자식 곁으로 갔거나
요양원 침대에 누워 창밖을 바라보다
햇살이 따듯하게 피는 어느 봄날
나비가 되어 훠얼 훨 하늘 높이 날아갔겠지
그리고 무심히 흘러가는 세월에
퇴색된 붉은 양철 지붕은 들뜨고 기울어
비바람에 바람벽은 허물어져 내리고
흙먼지 쌓인 손때 묻은 마루 그 구석에는
고양이 한 마리가 들이치는 함박눈에
젖은 몸을 이따금 털기도 하며
우두커니 앉아 있는 모습은 흡사
옛 주인이 돌아오기를 기다리고 있는 듯하다

송악읍 가교리

해맞이_ 강양포구[17]

찬 바다 겨울 바다로
엊저녁에 나갔던
멸치잡이 작은 배 하나가
갈매기 떼를
앞서거니 뒤서거니
통통통 돌아오면
먼바다 수평선에 갓 피어나던
한 송이 꽃이
수줍어 붉어진 얼굴로
파도에 밀려와
어둠 속에 숨죽여 훔쳐보던
내 마음에 불을 질러 놓았네

---

17 강양포구 : 울산시 울주군 온산읍

해맞이_ 옵바위

구렁이 허리 같은
진부령을
굽이굽이 돌아 넘어
옵바위에 걸린
일출 사진 한 장 얻으려
먼 길을 밤새워 왔건만
솟아야 할 붉은 해는
바닷물에 잠겼나
거센 파도에 쓸려서 갔나
혹여 구름이 되었나

돌아오는 길
높푸른 하늘에
낮달이 웃기만 하더라

옵바위 : 강원도 고성군 공현진리

해맞이_ 소화묘원[18]

영혼들도 잠이 덜 깬
소화묘원 높은 언덕
산을 넘고
강을 넘어
구름 속에서 피어나는
한 송이 붉은 꽃을
온 세상 모든 꽃들도
진종일 경배하는 저 꽃을
손을 들어
눈을 가려
끓는 가슴으로 바라보는 나는
죽어서도 행복하겠네

18 소화묘원 : 천주교 신당동교회 묘원, 양주시 능내리

해님이_ 빨주노초파남보

빨간 홍시
주렁주렁
노을 지는
초가 담장 너머로
파아란
남도의 하늘과 바다가 온통
보랏빛 마술에 걸렸나 보다

애틋한 사랑이 전설 되어
천 년이란 세월도 훌쩍 넘긴
할미바위 할아비바위로
노을이 지면
하늘도 바다도
구름도 갈매기도
한겨울 찬바람도 모두 다
눈시울이 붉어지고
붉어진 커다란 눈망울로 찾아와
할미 손 감싸 쥐고
할아비의 안타까운 소식을
전해주고 가는 한 송이 저 꽃을
할미의 말라버린 눈물을
할아비의 마지막 숨소리를
가슴에 담아 가는 사람들이 있어
할미바위 할아비바위는 외롭지 않겠네
그리고 그들이 담아 간
커다란 눈망울의 붉은 꽃이
그 절절한 사연이
시들어지고 다시 피어나는

언젠가 또 다른 내년이 오면
이곳 꽃지에 다시 올 그들이 있어
할미바위 할아비바위[19]는 외롭지 않겠네

19 해상왕 장보고 부하인 승언과 그 아내의 전설이 서린 바위

해님이_ 저녁놀

선홍색 둥근 꽃잎이
하루에 하나씩 떨어져 쌓이며
하늘 바다를 온통 붉게 물들이니
선홍색 하늘 바다가
어제보다 오늘이 더 붉은 것 같고
오늘보다 내일이 더 아름다울 것 같다

강화도 장화리

3부

눈도장

눈도장

가난이란 멍에를 져야 했던
어머니는 내게
늘 마르지 않는 눈물의 샘이요
언제나 그리움의 대상입니다
하지만 이제는
눈을 떠도 눈을 감아도
어머니 모습은
어른거리는 물안개 속에 그림자라
잊지 않으려고
나 또한 잊히지 않으려고
벽에 걸린 빛바랜 어머니 사진과 마주해
서로가 눈도장을 찍고 받았습니다

호박꽃

푸근한 꽃
노란 호박꽃
호박꽃도 꽃이냐고
조롱을 받다 보면
호박은 마디마다
가시가 돋고
꽃잎은 핏발 붉게 선
장미꽃이 되련마는
그래도 소리 없이 피는
푸근한 꽃
노란 호박꽃
내 어머니 같은 꽃

갈대

연약하되
모진 바람에도
쓰러지지 않는
갈대
어머니
갈대

마른 갈대 소리에
당신의
가을밤은 깊어만 가니
겨울이 멀지 않았나 봅니다
사시는 그날까지 갈대처럼
꺾이지 말고 그렇게 사세요

봄날에 가시지_ 어머니

굽이굽이 구만리 머나먼 황천길을
길고 긴 이 겨울에 어찌 가시려나
꽃피는 봄날 아지랑이 따라가시지

어머니 생각

호숫가 이곳에 오면
어머니 생각이 나서
눈물이 납니다.
어느 여름밤
호숫가 호박등을 달이냐
한마디 하시던 어머니는
눈도 귀도 말씀도 잃어가는
여든일곱
스러지는 촛불이었습니다

이곳에 오면
어머니 생각이 난다는 안식구 말에
그래 생각나지 하면서
얼굴 돌려 호수를 바라보았습니다

일산 호수 공원

마누라 덕에

동트기 전
깜깜 새벽부터
또닥또닥 똑똑
부엌에서
도마질하는 소리
오늘도
마누라 덕에
편히 먹고 산다네

짠 마누라

거실 불 켜놓고
아침
저녁
식사할 때면
안식구는
불 꺼라 한다
커튼 드리운 아늑한
거실 감상도
일상의 즐거움인데
짠 마누라는
전깃불 값 아끼려
오늘도 불 꺼라 한다

미안합니다

나를 만난 인연으로
그대의
가던 길이 굴절되고 보니
꿈 많던 꽃봉오리 가슴은
시련의 훈장으로 얼룩이 지고
고왔던 두 손은
옛 추억이 되어버린 지금
말없이
당신을 바라보는 나는
어제도
오늘도
그리고 또 내일도
항상 미안해합니다
미안합니다

교통사고의 충격

비몽사몽간에
꿈나라로 들어가려면
왼쪽 오른쪽
오른쪽에서 왼쪽으로
팔에서 다리로 몸으로
감전되듯 발작이 나니
아, 왜 이러나 잠 좀 자자
온몸의 뼈가 부러져도
죽지 않고 살아남은 내가
오늘 밤 잠 못 들고
이러다 죽는가 보다

그 사람 이름은

이른 아침
아내가 살며시
병실 문을 열고
한 손에 반찬 보따릴 들고
들어온다
머리를 감겨주고
젖은 수건으로 몸을 닦아주고
밥상을 챙겨 놓고
기차 시간에 맞추어 출근하느라
총총 병실 문을 나선다
밝고 활기찬 그 사람
이름은 Gang.K.H

우산

갑자기 쏟아지는 겨울비에
어쩔 줄 모르고 서 있는 내게
낯선 아줌마
정류장 복권 가게 아줌마가
우산을 쓰고 가라 건네주네

어느 봄날 경의선 탄현역 퇴근길
어린 여학생 감기 들까 봐
지난번 겨울비에
당신이 받았다는 은혜를
돌려주었지 하며 아내가
내 우산 속으로 들어온다

해바라기_ 골다공증

언제부터인가
썰물처럼 살며시 빠져나간
나의 골(骨)을
조금이나마 주워 담으려
거칠 것 없는 저 벌판에
외로운 해바라기가 되어
종일토록 그대만을 향해
해바라기하는 간절한 마음
부디 외면하지 말아요

오늘도 내일도
나의 살갗을 파고드는
그대의 따듯한 미소가
내게는 생명입니다

---

*T-score(골밀도 수치) -3.4, 교통사고 덕분에 발견하다.

귀 울림_ 이명

하느님이
나를 사랑하사
밤낮으로 울어대는
풀벌레의 아름다운 선율까지
내 귀에다
선물하셨다

그동안 받은 것도 넘쳐나
안 주셔도 되는데
다음엔 또 무엇을 주시려나

이명(耳鳴)의 스트레스

아직 한겨울인데
갑작스러운 풀벌레 소리에 새벽잠을 깨다.

밤낮으로 귀청을 때리는 높은 음에
이어지는 불면증과
시도 때도 없이 치밀어 오르는 울화와
만사가 오그라드는 우울증으로
정신과 치료,
대상포진에 피부과 치료,
심한 전해질 부족과 황달 수치 증가로
낮은 전류에 감전된 듯 떨리고
가눌 수 없는 몸에
구역질로 변기를 끌어안고 기를 쓰다
응급실행 그리고 입원,
건강하던 잇몸에
이뿌리까지 곪아 치과 치료,
정신과 치료 중단, 이비인후과 이명 치료 포기
이제는 아내보다 더 가깝고
조금은 불편한 동반자와 아무렇지도 않게
나는 나의 길을 가고 있다

두드러기

무엇을 먹었는지
가렵고 따갑게 솟는
두드러기
왜 그럴까
하루이틀도 아니고
참 힘들다

어쩌면 나이를 많이
아니 잘못 먹어 그런가 보다

반측성 안면 경련

자나 깨나 시도 때도 없이
일그러져 떨리는 왼쪽 눈과 입

이른 봄날 아침 몽환 속에서
사십 년 지기 얄미운 친구에게
"이제 너와 나 영영 이별이다" 했네

*2024년 3월 아침 세브란스병원에서 뇌 수술

엊그제 시집간 딸에게

모질게 닦달하고
담금질 해가며
드세고 아금받게 너를 키워
험난한 세상에 내놓았어야 했는데
그렇지 못함이 때로는 미안하구나
하지만
무서운 발톱과 이빨의 힘센 사자가
나락의 길을 가고
조그만 가시나 보듬고 있는
장미가 왜 나날이 번성하는지
그 이유를 너는 잘 알고 있겠지
그래 그것은 사랑이야
장미는
향기 솔솔 나는 사랑을 주고
따듯한 사랑을 듬뿍 받기 때문이란다

---

* 장미 흐드러지게 핀 癸巳年 六月

예쁜 거짓말

시큼한 냄새에
“너, 똥 쌌지” 묻자
귀찮다는 듯 “안 쌌어” 하는
삼십 개월 똥오줌 못 가리는
손자 녀석의 예쁜 거짓말에
웃음이 빵 터졌다.

며칠이 지나 어쩌나 보려고
“너, 방귀 뀌었지” 하니
멋쩍게 “똥 쌌어”라고 하네.

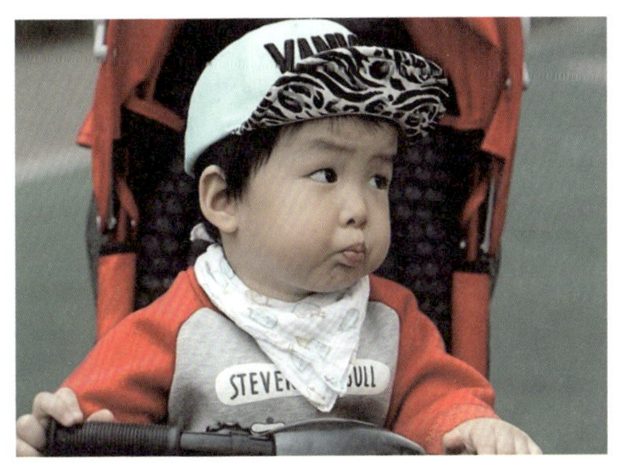

작명(作名)

첫딸 낳고
이름 짓지 못해 끙끙대다
늦었다 벌금을 내며 호적에 올린
하린이란 이름은
"하나님의 사랑이 내린 예쁜 딸입니다"요
아들 낳고는
"큰 뜻을 품어 바르고 굳세게 살아가라"
한세라고 불러 주었고
시집간 조카 딸의 갓난애
"은혜로운 빛채를 받고 세상에 태어났다"
은채(恩彩)요
나리나리 개나리 놀림당하던 나리를
"은혜받아 상서로운 서광이 빛난다"
은서(恩瑞)라 개명해 주었고
내 근무지 빌딩 명칭 공모전에 일등하여
적지 않은 상금 받기도 했네

쉰을 훌쩍 넘기고 육십 문턱에 선 지금
내 이름 하나 지어 보려니
감히 높다란 거봉이나

커다란 교목은 쑥스럽고
그냥 무지하고 막살아온 세상살이에
덕이 많고 학식 높은
고고한 표현 또한 어울리지 않으니
무지막지로 할까
무지무지로 할까
그래 그냥 무지로 하자
우아한 아호(雅號)가 아니지만
그래도 무지(無智)란 호를 하나 지었으니
서투른 작명은 이제 그만해야겠다

부부싸움

풋풋했던 젊은 날에는 서로가
다가올 미래를 꿈꿨지만
세월은 아득하게 흘러
어제를 돌아보는 요즘에
나를 이기려 덤비는
다섯 살 한참 아래 마누라와
의견 충돌도 있겠으나 싸우기보단
남편인 나의 존엄을 굳건히 지키려
늘 타이르고 야단치는 날이 많다
그래서 우리는 부부 싸움이 없고
어쩌다 정말 어쩌다
내가 지는 날도 있었겠지만
아무런 기억이 없다
오늘도 야단을 맞은 마누라는
긴긴 불면의 밤을 저 건너 안방에서
복수할 날을 계획하고
나는 드르렁드르렁 크크 헬기를 타고
꿈나라 여행을 한다네

결혼기념일_ 42주년

그대와 나의 결혼기념일인 오늘
지난 세월이 감감하여 뒤돌아보니
올곧은 젓가락 한 쌍이
자전거가 되어
때로는 그대가 앞바퀴
내가 뒷바퀴로
자식새끼들 태우고 오며 가며
비틀거리는 날도 많았지만
용케도 쓰러지지 않고
여기까지 왔음에 감사합니다.
그대 있음에 내가 외롭지 않고
내가 있음에 그대 허전하지 않으니
젓가락 한 쌍이 함께하는 날까지
서로 믿고 서로 의지하며
다음 또 다음 결혼기념일을 향해
둘이 손을 꼭 잡고 걸어갑시다

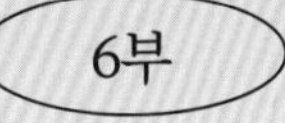

기억의 단편

첫 사진

일곱 살 설빔
고리땡 새 옷 입고서
난생처음 찍은 빛바랜 사진 속에
젊고 고운 어머니는 계시지만
저승으로 놀러 가신 아버지는
오늘도 돌아오지 않으셨네

부러움_ 국민학교 졸업식

꽃 한 송이 가슴에 없어도
졸업장을 담는 졸업통이 부러웠고
졸업 앨범 받아 든 친구들이 부러웠다

그래도 정말 부러운 것은
중학교에 들어간 친구들이었다

---

*왕십리 무학초등학교 1965년 졸업

왕십리 추억

김홍국의 59년 왕십리 노랫소리가 들리면
나는 어느샌가 아련한 유년 시절로 돌아간다

어머니 손을 잡고서
드럼통을 잘라 펴 만든 녹슨 담장 길을 따라
상왕십리 광무극장 뒤편 외갓집엘 가면
뒷마당에 닭과 병아리가
나의 유일한 친구였고
부엌문을 사이에 두고
엿 공장 아저씨가 손바닥에 침을 튀기며
누런 덩어리를 잡아당기면
어느 순간 하얗게 변하는 엿을 보며
마냥 신기해하였다

라디오도 귀했던 그 시절
엠파이어스테이트 빌딩보다 더 높은
소방서 망루에선
하루에 두 번씩 12시 사이렌이 울렸고
그 옆으로 옹기종기 모여
해바라기하는 지게꾼들의 쉼터인

왕십리역 앞인가 뒤인가를
기억도 낯설은 기동차는
덜컹거리며 어디론가 달려갔다

그리고 국경일이면 꽃과 오색 불빛으로
치장한 꽃전차는 땡땡거리며
하왕십리에서 상왕십리 지나
을지로로 멀어져 갔다

58년 10월 3일
하왕십리 로터리 영락병원 앞 교통사고로
통곡하는 어머니와
줄줄이 어린 육 남매를 남겨두고
훌쩍 떠나간 아버지를
무악재 넘어 화장터로 배웅하고 돌아오는
나의 철부지 적 왕십리 추억 여행길은
늘상 한쪽 가슴이 아리다
불러본 기억이 없는 이름 때문에
아버지 때문에

감자 죽

옛날하고도 옛날
나 어릴 적 유년 시절
어느 날 저녁
박박 긁어모은 한 줌 쌀로
감자 죽을 끓이신 어머니
내일 아침은 어찌하나
밤새 가슴은
까맣게 타들어 갔으리

행당동 산 37번지

앞산 뒷산
민둥산 언덕배기 우리 집 마당엔
봄부터
개나리 찔레꽃 과꽃 나팔꽃
맨드라미 다알리아가 피었고
비둘기에 채송화잎은
자랄 날이 없었지만
가을이면 대추 열매
붉게 붉게 익어갔다
지금은 어디로 갔는가
민둥산 언덕배기
그리고 대추나무야
꿈속에서도
앞산 뒷산 그 골목길
행당동 산 37번지 옛집은
지금도 내가 살고 있는
그리운 고향 집이다

호랑이

큰형은 출근하지 않은 날
아랫목에 누워서
온종일 책을 보았다

책 읽는 소리
가끔 방문 밖으로 들렸고
아는 글자만 소리 내어 읽는다라고
숨어서 듣는 나는
속으로 비웃었다

내 어린 시절의 형은
무섭고 미운 호랑이였다

현대문학 창간호

나 어릴 적
비좁은 집안엔
책 둘 곳이 없어
장독 안에 넣어두었다가
고물장수 지나가면 팔았다
겉표지에 연푸른색이 돌던
현대문학 창간호
생각할수록 무척이나 아깝다

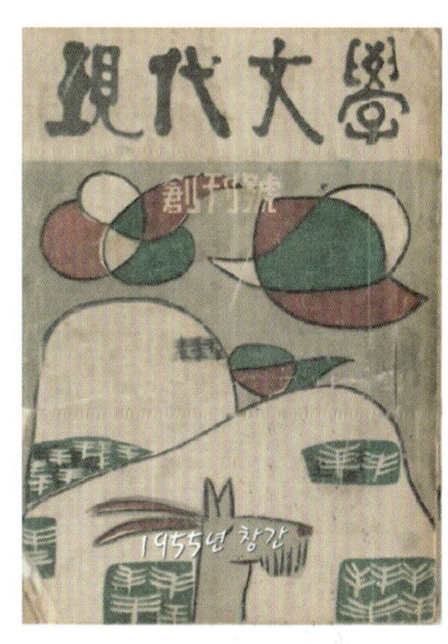

인용사진

---

*현대문학 : 1955년 1월 창간 이후 현재까지 결번 없이 매월 발행되고 있다.

바가지

물 한 초롱 길러
먼 우물까지 다니다가
동네 가게에 수도 하나 생기자
몇 푼인가 돈을 내고
물지게로 지고 와서는
한 바가지 물로
세수하고 발을 닦고 등목하며
깨진 바가지 무명실로 꿰매어 쓰던
알뜰할 수밖에 없었던
그런 시절도 있었다
옛이야기가 되어버린 지금
멀쩡한 바가지에 많은 물(物)이 넘쳐흐른다
아까운 줄 모른다

잊혀진 소리

“또그닥 또그닥 또그닥 딱딱”
엇박자에 세기도 다르게
풀 먹여 물을 뿌린 이불 홑청 두드리던
어머니의 다듬이 소리
“철컥철컥 철커억”
떨어진 고무신짝 가져가면
어린애 꼬추만큼 엿이라고 떼어주며
더 많이 가져오라던 엿장수의 가위질 소리
긴긴 겨울밤
뱃속도 꼬르륵꼬르륵할 즘이면
알전등 불빛도 희미한 골목길을 돌아 나와
“찹쌀떡이나 메밀무욱” 하며
외치고 지나가던 찹쌀떡 장수 소리
“디~잉 딩 구울 뚝”
넓적한 대나무를 서려서 어깨에 둘러메고
징소리 울리며 굴뚝 청소하라던
코밑이 까만 아저씨 소리
“따악 딱”
밤도둑 쫓아주던 야경꾼의 짝짝이 소리

비지찌개 구수한 맛이 입가에 맴돌면
지금도 "땡그랑 땡그랑" 울리는
두부 장수의 요령 소리
이젠 모두 잊혀진 소리

해설 _ 영혼이 맑은 예술가

제갈영(평론가)

시인 백락영은 무명시인이다. 어린 시절 문학 소년이었던 그는 1978년 홍익대학교 공대를 나와 젊은 날에 월간 『서정문학』으로 등단한 시인이기도 하다. 이번에 출간한 『바람이 전하는 말』은 그동안 알게 모르게 그가 써놓았던 조각 시를 모아 '시로 쓴 자서전'이라는 부제와 함께 수줍게 꺼내놓은 처녀 시집이다. 물론 오래전에 한자 관련 책과 한문을 해석하여 내놓았던 고려 한시 삼백수 『시인의 마음을 읊다』도 있다. 하지만 본인의 내면과 생각, 그리고 삶의 이야기를 드러낸 글은 이 시집이 처음이다.

시집은 1부 〈작은 외침〉, 2부 〈회상〉, 3부 〈독백〉, 4부 〈바람이 전하는 말〉, 5부 〈눈도장〉, 6부 〈기억의 단편〉으로 구성되어 있다. 시집 제목 『바람이 전하는 말』 '시로 쓴 나의 자서전'이라는 부제를 보노라면 얼마 전 읽었던 시집 한 권이 떠오른다.

『무명시인으로 사는 것도 괜찮아』라는 시집이다. 이순의 나이에 시인 김난주가 '들풀 인생을 살아가는 들꽃 같은 당신에게' 바치는 시집으로 알려진 바 있다.

이 시를 면면히 읽다 보면 소소한 것들에게서 재발견한 성찰과 통찰의 결과물과 자연으로 돌아가고 거기 오래 머물다 아예 자연이 되어버린 시들이 정답게 모여 사는 모습이다. 또한 풀 냄새와 흙냄새가 흠씬 배어 있는 듯, 하찮은 것들에 대한 연민이 모여 한 그릇의 따뜻한 밥이 된 시집이라고 표현할 수 있다. 백락영의 시를 읽노라면 들풀 인생을 살아가는 들꽃 같은 인생의 굴곡이 느껴진다. 그래서 무명시인으로 사는 것도 괜찮다는 시인 김난주의 시가 떠오른 것일까?

백락영의 시와 시어는 평범하고 직관적이다. 그래서 누구나 쉽게 이해하고 공감할 수 있다. 하나 더 말하자면 읽고 난 뒤에 깊은 여운을 남긴다.

아무래도 켜켜이 쌓인 오랜 세월과 일상에서 건진 시어에 잔잔하고 따뜻한 시선으로 세상을 바라보려는 시인의 포근한 마음이 배어서일까. 이는 그의 시 '나의 시론'을 통해서도 그만의 독창적인 지향점을 엿볼 수 있다. 그것을 통해 시집 전체의 흐름과 정서가 단박에 느껴짐은 어쩔 수 없다. 그것이 정체성이기에….

> (중략) 무릇, 시란 / 꿈과 희망과 눈물과 / 사랑과 진실이 담긴 / 수정같이 맑고 투명한 / 풍경이요 그림이요 / 노래요 철학이요 사상이다 -〈나의 시론〉

1부 〈작은 외침〉은 나이가 익어가면서 그동안 감춰왔던 시인의 마음의 소리가 하나둘 열리는 듯하다. 애정하는 것과 관계와 세태의 아쉬움을 드러내는 '사랑' '욕심이 어찌나 많은지' '개차반' 등은 좀처럼 드러내고 싶지 않았던 마음이 튕겨 나오듯 회한과 아쉬움이 짙게 배 있다. 그것도 수줍어하는 마음으로. 간략히 그 시들을 음미해 보자.

> 사랑을 할 줄 모르고 / 미움으로만 살아왔기에/ 지금도 사랑을 몰라 / 언젠가 / 하늘 가는 날 / 속죄하는 마음으로 / (중략) / 사랑이 반짝이는 지구별을 보면서 / 사랑을 배우고 / 사랑을 해야겠다 - 〈사랑〉

> 욕심이 가득하여 / 혈육까지 단절하니 / 들엔 새 한 마리 날지 않고 / 외로운 몸 석양에 그림자 하나 - 〈욕심이 어찌나 많은지〉

> 천지가 개벽하며 / "낙원에서 잘들 살라"라는 / 조물주의 낮은 음성이 들렸었지 / (중략) / 그 후 / 개차반 같은 자들은 / 만물(萬物)을 물고 뜯고 / 세상을 가차반으로 만들었다 - 〈개차반〉

2부 〈회상〉과 6부 〈기억의 단편〉을 읽을 때는 지난 날의 회한에 밀려오는 감정을 억누르기 힘들어 갑자기 눈물이 왈칵 쏟아질 듯 가슴에 문장경화가 생기고 소박하고 거칠지만 그래도 따스했던 어린 시절에 대한 그리움이 솟구친다. 두 번 읽기는 힘들었던 부분이지만 그 문장의 몇 소절을 반추해 보자.

서편 산마루에 앉아 / 하염 없이 노을을 바라보는 / 처진 어깨에 / 머리 희끗한 노인네 / 어찌 먼 이 길을 헤쳐 왔을까 / 주마등처럼 지나간 날을 회상하며 / 한굽이 남은 세월 / 외기러기 편에 실어 보내는 듯하구나
-〈회상〉

갈바람 찬 서리에 / 속절 없이 떠난 낙엽이 / 해 질 녘 보내온 편지엔 / 촘촘히 그려진 나이테에 / 동그라미 하나가 더 늘었네 -〈나이테〉

배가 부른 젊은 날엔 객기도 부렸지만 / 쇠뿔에 받히고 말발굽에 차여 / 가장 노릇 못하고 누어 굶을 때에는 / 가슴을 애태우며 살기도 했다 -〈늙은 숫사자〉

생각 없이 / 그냥저냥 살아온 인생길 / 이제 와 / 후회하면 무엇하나 / 이 늙은이의 잘못된 길이 / 혹여 후인에게 이정표가 될까 봐 / 남은 발걸음이 두렵네
-〈발걸음이 두렵네〉

앞뒤 돌아볼 여유도 없이 / 아등바등거리며 살아온

내 인생도 / 어느새 쏜살같이 날아가 바렸고 / 이제야 한숨 돌리나 했는데 속수무책 / (중략) / 하지만 하지만 아쉬우면 아쉬운대로 / 후회도 원망도 / 잊고 싶은 추억은 / 늦가을 찬바람에 모두 날려 버리고 / 함께 해로한 내 그림자 그대와 / 그대의 그림자인 내가 / 맑은 정신에 도란거리고 / 몸도 마음도 아픈 날이 없기를 원하니 / (중략) / 둘이 손을 꼭 잡고 남은 길을 가고 싶습니다 -〈소망〉

(중략) 어머니 손을 잡고서 / 드럼통을 잘라 펴 만든 녹슨 담장길을 따라/ 상왕십리 광무극장 뒷편 외갓집엘 가면 / 뒷마당에 닭과 병아리가 / 나의 유일한 친구였고 -〈왕십리 추억〉

(중략) / 58년 10월 3일 / 하왕십리 로터리 영락병원 앞 교통사고로 / 통곡하는 어머니와 / 줄줄이 어린 육 남매를 남겨두고 / 훌쩍 떠나간 아버지를 / 무악재 넘어 화장터로 배웅하고 돌아오는 / 나의 철부지 적 왕십리 추억 여행길은 / 늘상 한쪽 가슴이 아리다 (중략) -〈왕십리 추억〉

시인 백락영은 오랜 습작 세월에도 불구하고 대관절 무엇 때문에 조각난 시를 모아 시집을 냈을까를 생각해 보았다. 공대 출신인데다가 문학은 물론, 시를 전공하거나 배우지 않아 문학적 감각은 없어도 그의 시에 담긴 한 가지를 꼽으라면 '공감(共感)'이다. 그의 시집 중 3부 〈독백〉과 4부 〈바람이 전하는 말〉 그리고 5부 〈눈도장〉에 찍힌 시어는 단 한 사람이라도 고개를 끄덕일 수 있고 함께 느낄 수 있게 만드는 힘이 있다. 나는 그것을 공감이라는 단어로 표현하고 싶다.

백락영 시인의 〈인생이란 (1)~(8)〉, 〈숙맥〉, 〈사진 촬영〉, 〈미안합니다〉, 〈무명가수〉 등은 오랜 삶의 여정에서 나오는 낭만과 위트, 더불어 단순한 시적 감상만으로는 재단할 수 없는 생의 고락에서 끄집어내온 것 같아 그의 시에 대한 공감은 깊은 성찰을 동반한다.

(중략) 은행나무에도 / 꽃의 존재가 있었다는 사실을/ 콩알만큼 자란 / 초록의 열매를 보고 알았다 / (중략) / 내년 봄에는 / 뵈지도 않던 작은 꽃 / 너를 찾아가 / 사랑을 듬뿍 주어야 겠다 - 〈은행나무꽃〉

세상을 / 조금 더 아름답게 / 오래 두고 보려고 / (중략) / 그래도 찍는 순간만은 / 나도 영혼이 맑은 예술가다 - 〈사진 촬영〉

인생이란 꿈을 그리고 사는 것 / (중략) 몸도 마음도 시들기 전 / 꿈과 욕망의 덧칠을 / 하나하나 지워가면서

/ 살아야 하는 것도 인생인 거야 - 〈인생이란(1)〉

꿈결같이 다녀 온 황천길 / 덤으로 받은 선물에 / 나는 한동안 가슴이 조금은 따뜻했었다 / 하지만 / 이내 속물인 걸 다시 알았지 / 이게 인생인거야 - 〈인생이란(8)〉

(중략) 산 이슬 먹고 자란 무공해 쑥이라고 / 한 주먹 뜯어 집에 왔더니 / 쑥도 모르는 쑥(숙)맥 같은 양반아 / 이게 어디 쑥이야 라며 / 안식구에게 면박만 받았네 - 〈숙맥〉

그대와 내가 / 언제 한번 쯤 그 누구에게 / 희미한 등댓불이라도 되어준 적이 있나요 - 〈등댓불〉

"인연이~라고~ 하아죠 / 거부할~ 수가~ 없죠오 / 내 생에~ 이처럼 아름다운 날~ / 또다시 올 수 있을까아요~ / 고달픈~ 삶의~ 길에~ / 당신은~ 선물~인걸" 하며 들리는 노랫소리는 / 여기 이름 없는 무명 가수의 영혼인가 (중략) / 지금 당신과 함께하는 여기 모든 이에게 / 당신이 들려주는 이 메시지는 / 그 어느 유명한 인기 가수보다 / 더 많은 삶의 의미를 던져주고 / 있다는 것을... - 〈무명 가수_공소야〉

가난이란 멍에를 져야 했던 / 어머니는 내게 / 늘 마르지 않는 눈물의 샘이요 / 언제나 그리움의 대상입니다

-〈눈도장〉

나를 만난 인연으로 / 그대의 / 가던 길이 굴절되고 보니 / 꿈 많던 꽃봉오리 가슴은 / 시련의 훈장으로 얼룩이 지고 / 고왔던 두 손은 / 옛 추억이 되어버린 지금 / 말없이 / 당신을 바라보는 나는 / 어제도 / 오늘도 / 그리고 또 내일도 / 항상 미안해합니다 / 미안합니다

-〈미안합니다〉

백락영의 시를 읽으면 인생의 희로애락이 파노라마처럼 흐른다. 때로는 아름다운 풍경이 그려지기도 하고, 회한에 잠겨 마음속 깊이 숨겨 둔 자아를 소환하기도 한다. 옳지 못하거나 정하지 못함에 대한 분노를 느끼기도 하며 저물어 가는 인생의 황혼을 어떻게 맞아야 하는지, 더불어 살아가는 삶에 어떤 마침표를 찍어야 하는지를 성찰하게 한다. 그래서 그의 시는 늘 곁에 두고 읽고 싶다.